Ernährungsplan und Symptomtagebuch bei Histaminintoleranz

28 Tage

84 Vorschläge für Mahlzeiten mit Kurzrezepten

22 Rezepte mit ausführlichen Koch- und Backanleitungen

histaminarm kochen, genießen, leben

Das Symptomtagebuch mit Ernährungsplan ist Dein persönliches Trainingshandbuch bei Histaminintoleranz. Es beinhaltet 28 Tage lang Vorschläge für Mahlzeiten morgens, mittags und abends mit kurzen Rezepten. Jedes Gericht kannst Du dabei direkt bewerten, wie gut es Du es vertragen hast.

Zu Beginn jeder Woche gibt es für Dich eine Wocheneinkaufsliste, damit Du übersichtlich, auf einen Blick, sehen kannst, welche Lebensmittel Du in der Folgewoche benötigst.

Von Tag 1 an führe ich Dich bequem durch Deine Umstellungsphase, um Dir die Veränderung Deiner Ernährungsgewohnheiten zu erleichtern.

Im Anschluss hast Du die Möglichkeit Deinen individuellen, auf Dich zugeschnittenen, Ernährungsplan mit Produkten, die Du verträgst, und Gerichten, die Du magst, zusammenzustellen.

Viel Erfolg bei Deiner Ernährungsumstellung. Ohne Stress, dafür mit viel Genuss!

Petra Mayer

Ernährungsplan und Symptomtagebuch bei Histaminintoleranz

28 Tage

84 Vorschläge für Mahlzeiten mit Kurzrezepten

22 Rezepte mit ausführlichen Koch- und Backanleitungen

histaminarm kochen, genießen, leben

FSC
www.fsc.org

MIX

Papier aus ver-
antwortungsvollen
Quellen
Paper from
responsible sources

FSC® C105338

Herstellung und Verlag:
BoD – Books on Demand, Norderstedt
ISBN: 978-3-7504-8205-0

Inhaltsangabe

Rezepte

Vorwort

Nun hast Du die Diagnose Histaminintoleranz (HIT) bekommen und Du sollst Deine Ernährung umstellen. Tipps im Internet findest Du zu Hauf. Was es ist, welche Symptome es auslöst und welche Lebensmittel verträglich sein sollen. Trotz allen Informationen weiß man oftmals nicht genau, wie man jetzt damit umgehen soll. Und es steht immer wieder die Frage im Raum „was darf ich denn jetzt überhaupt noch essen und wie soll ich damit anfangen?" Zunächst einmal solltest Du Dir darüber bewusstwerden, dass HIT keine Krankheit ist. Histamin ist, wie Du sicherlich schon weißt, ein Botenstoff, der viele Vorgänge im Körper mitreguliert. Er wird vom Körper selbst produziert und ausgeschüttet und wird mit der Nahrung aufgenommen. Vielleicht hilft es Dir, wenn Du weißt, dass jeder Mensch eine persönliche Toleranzschwelle für Histamin hat. Unterschiedlich ist jedoch die Menge, die davon symptomfrei aufgenommen oder ausgeschüttet werden kann. Manch einer spricht eben schon auf geringe Mengen an und ein anderer hat eine hohe Toleranzschwelle. Für Dich gilt es nun herauszufinden, welche Lebensmittel in welcher Konzentration bei Dir persönlich Beschwerden auslösen. Verträglichkeitslisten, wie Du sie auch im Internet findest, können zu Beginn ein sehr guter Anhaltspunkt sein. Allerdings sind in verschiedenen Listen auch unterschiedliche verträgliche Lebensmittel angegeben und viele Produkte sind gar nicht aufgelistet. Auch ich werde Dir hier im nachfolgenden eine Verträglichkeitsliste an die Hand geben, aber es ist an Dir die einzelnen Lebensmittel auszuprobieren und gegebenenfalls neue Produkte mitaufzunehmen, die hier nicht vermerkt sind, oder auch Lebensmittel wegzustreichen, die Du nicht verträgst. Jeder Mensch reagiert unterschiedlich auf die verschiedenen Produkte. Dies ist ähnlich einer Pollenallergie. Der eine reagiert auf Gräser und der andere auf Buche, Erle, usw.

Grundsätzlich gilt auf Geschmacksverstärker, wie Glutamat und Hefeextrakte, künstliche Farbstoffe und scharfe Gewürze zu verzichten. Lange gereiftes oder gelagertes, sowie geräucherte Produkte sind meist unverträglich.

Koche am besten frisch. Wiederaufgewärmte Speisen, besonders Fleisch und Fisch, werden oftmals nicht mehr vertragen. Wobei Gemüse, Reis, Kartoffeln und Nudeln häufig auch noch am nächsten Tag beschwerdefrei verzehrt werden können. Das solltest Du individuell austesten.

Verträglichkeitsliste

Fleisch/ Wurst	
Frisches Rind, Schwein, Pute, Hähnchen, Schaf, Ziege, Wildschwein,	Dry Aged, Fleischkonserven, geräuchertes, gepökeltes, mariniertes
Kochschinken, ungeräuchert und ohne Zusatzstoffe	Zerkleinertes Fleisch ist problematisch (je höher der Zerkleinerungsgrad, desto histaminhaltiger)
Kochwurst wie Bierschinken, usw...	Hartwurstwaren, wie Salami, Rohschinken, Speck, Landjäger
	Leberwurst, Innereien

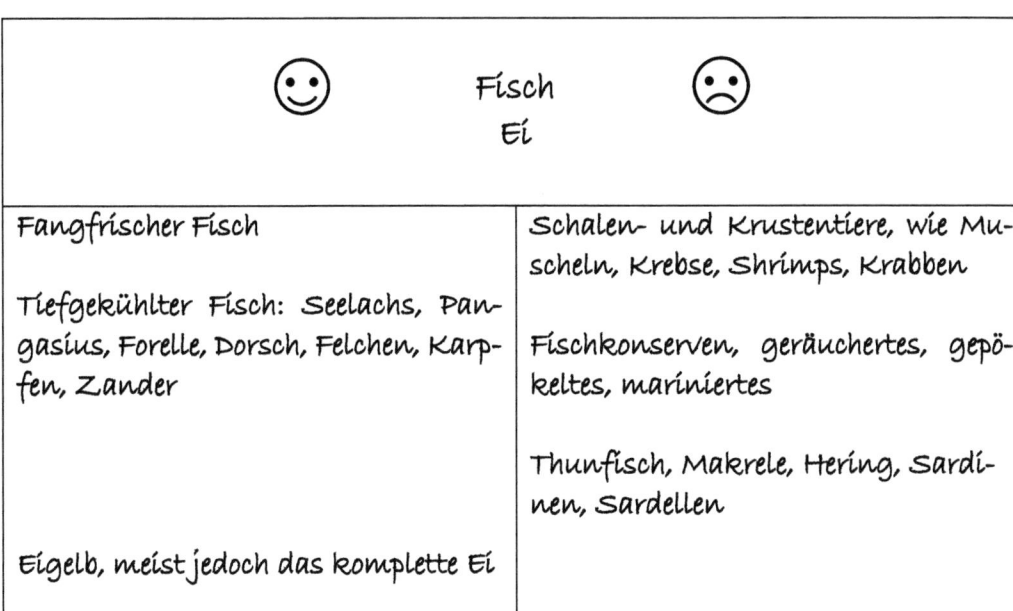

🙂 Fisch Ei 🙁	
Fangfrischer Fisch	Schalen- und Krustentiere, wie Muscheln, Krebse, Shrimps, Krabben
Tiefgekühlter Fisch: Seelachs, Pangasius, Forelle, Dorsch, Felchen, Karpfen, Zander	Fischkonserven, geräuchertes, gepökeltes, mariniertes
	Thunfisch, Makrele, Hering, Sardinen, Sardellen
Eigelb, meist jedoch das komplette Ei	

Milchprodukte	
Milch, Butter, Sahne, Mozzarella, Quark, Hüttenkäse, Ricotta, Mascarpone, junger Gouda, Ziegenfrischkäse, Butterkäse, Schichtkäse, Creme fraiche Feta und Jogurt bitte ausprobieren	Gereifte Käse: Schimmelkäse, Fondue, gereifter Gouda, Hartkäse, Weichkäse, Schmelzkäse

Getreide und Backwaren	
Kartoffeln, Süßkartoffeln, Mais, Nudeln, Reis, Quinoa, Couscous, Polenta, Hirse, Hafer, Grieß, Dunst, Mehl, Schrot, Backwaren, Teigwaren Dosenmais bitte ausprobieren	Hefe- und Sauerteiggebäck wobei Brötchen/ Brot vom Bäcker meist sehr gut vertragen werden

Gemüse und Pilze	
Weiße Zwiebel, Karotte, Kürbis, Paprika, Gurke, Chicoree, Salate, Chinakohl, Radieschen, Zucchini, Spargel, Brokkoli, Maiskolben, Kräuter, Rosenkohl, Pak Choi, Rote Beete, Ackersalat, Knoblauch, Pastinake, Petersilienwurzel, Grünkohl, Reispapier, Algenblätter	Spinat, Tomaten und Tomatenprodukte, Sauerkraut, Aubergine, Avocado Hülsenfrüchte, wie Linsen, Bohnen, Soja, Tofu, Essiggemüse Steinpilze, Morcheln, Champignons

Früchte/ Nüsse/ Kerne	
Melone, Apfel, Pfirsich, Aprikose, Litschi, Mango, Khaki, Kirschen, Brombeeren, Heidelbeeren, Cranberries, Johannisbeeren, Cassis, Jostabeeren	Zitrusfrüchte, Erdbeeren, Himbeeren, Banane, Ananas, Kiwi, Himbeeren, Birne, Papaya, Guave
Mandeln, Macadamia, Kürbiskerne, Sesam, Pinienkerne, Sonnenblumenkerne, Maroni	Walnüsse, Cashew- Kerne, Erdnüsse
Kokosnuss	

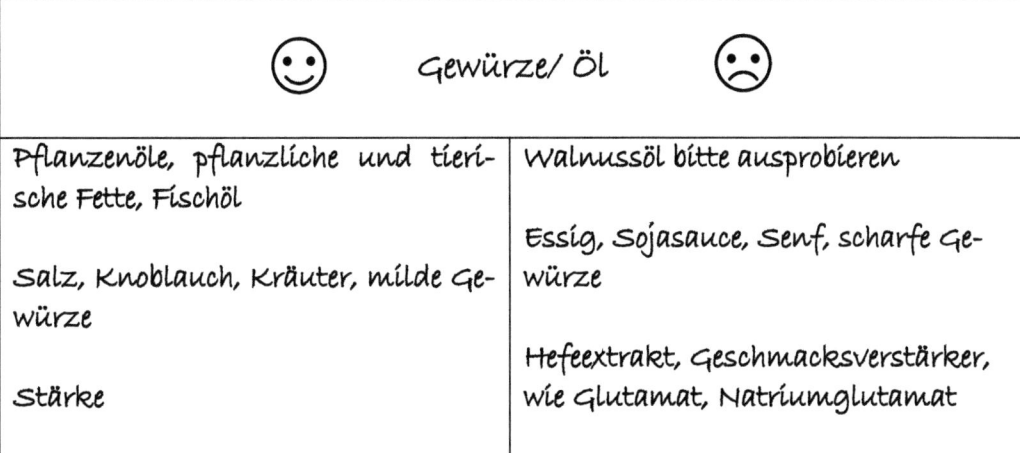

😊 Gewürze/ Öl 😟	
Pflanzenöle, pflanzliche und tierische Fette, Fischöl	Walnussöl bitte ausprobieren
Salz, Knoblauch, Kräuter, milde Gewürze	Essig, Sojasauce, Senf, scharfe Gewürze
Stärke	Hefeextrakt, Geschmacksverstärker, wie Glutamat, Natriumglutamat

☺ Süßigkeiten ☹	
Weiße Schokolade ausprobieren, Zucker, Honig, Stevia Konfitüren aus verträglichem Obst, Honig, Agavendicksaft	Kakao, Kakaomasse, Schokolade dunkel

☺ Getränke ☹	
Wasser, Säfte und Limo aus verträglichem Obst Mandelmilch, Kokosmilch, Milch Kräutertee	Alkohol, Sojamilch, Energydrinks, Brennnesseltee, Säfte und Limo aus unverträglichem Obst Kaffee, Espresso Cola bitte ausprobieren

Erläuterungen zum Ernährungstagebuch

Über Deine Ernährung kannst Du einen Großteil Deines Wohlbefindens steuern und positiv beeinflussen. Du wirst bereits nach kurzer Zeit eine Verbesserung spüren. Allerdings solltest Du Dir auch im Klaren darüber sein, dass Dein Körper selbst auch, zum Beispiel durch Stress, Histamin ausschüttet und Du trotz histaminarmer Ernährung Beschwerden haben kannst. Achte also auch auf Dein seelisches Gleichgewicht und habe vor Allem keine Angst vor dem Essen. Auch sportliche Aktivitäten sind stets von Vorteil. Medikamente und hormonelle Schwankungen können Dich ebenso beeinflussen. Bitte befrage hierzu einen Arzt oder Heilpraktiker.

Aus eigener Erfahrung kenne ich die Schwierigkeiten mit der Umstellung auf eine histaminarme Ernährung. Daher möchte ich Dich im nachfolgenden sozusagen „an die Hand nehmen" und Dir für jeden Tag Vorschläge aufzeigen, wie Du Dich vom 1. Tag an ernähren kannst. Ich habe ein 4 Wochen Ernährungsplan- und Symptomtagebuch entwickelt, mit Gerichten für morgens, mittags und abends. Daneben kannst Du jeweils direkt ankreuzen wie gut Du es vertragen hast. P.S. Symptome müssen jedoch nicht zwangsläufig direkt nach dem Essen auftreten, sondern können sich auch erst Stunden nach dem Verzehr zeigen. Unter der Tabelle findest Du immer Platz, um noch etwas Zusätzliches zu notieren und auch ggf. Medikamente, die Du einnimmst, einzutragen. Die Speisen kannst du selbstverständlich tauschen und auch zum Beispiel Gemüse oder Fleisch, welches Du nicht magst, durch ein anderes ersetzen oder weglassen. Die Gerichte sind auf Grund der Vorgehensweise einer Umstellung auf histaminarme Kost, zu Beginn sehr einfach gewählt. Später werden sie umfangreicher, mit den jeweiligen Koch/ Backanleitungen im Anschluss des Tagebuchs. Du kannst sie schnell und ohne großen Aufwand zubereiten, um die neue Ernährung möglichst leicht in Dein Leben zu integrieren.

Wenn Du Lust auf mehr Rezepte hast, findest Du in meinem Kochbuch Histaminintoleranz- Lieblingskochbuch; histaminarm kochen, genießen, leben eine Vielzahl von ausführlichen Rezepten und Kochanleitungen für verschiedene Anlässe. Herzhaft, mit und ohne Fleisch/ Fisch, Süßspeisen, Salate, Dressings, Dips, Pesto, Saucen und Kräuterbutter, Kuchen und Cookies, Brotrezepte und Desserts. Hier findest Du auch eine ausführlichere Beschreibung, was eine Histaminintoleranz ist, was zum Beispiel Histaminliberatoren sind, welche Symptome sie hervorruft, usw.

Auch hier möchte ich an dieser Stelle darauf hinweisen, dass ich weder eine Arzt- , noch eine Heilpraktikerausbildung habe. Ich bin Dipl.- Ing. im Bereich Optik und befasse mich mit dem Thema, da ich selbst davon betroffen bin und trotz allem gut und entspannt essen möchte. Die Inhalte basieren demnach auf eigenen Erfahrungen und können eine medizinische Fachperson nicht ersetzten! Auch gibt es bei einer Histaminintoleranz keine allgemeingültige Einteilung in gut oder schlecht, wie etwa bei einer Laktoseintoleranz bei der man klassische Milchprodukte weglässt und die Symptome verschwinden. Jeder verträgt die unterschiedlichen Lebensmittel anders und eine einwandfreie Verträglichkeit kann nicht für jeden Betroffenen garantiert werden. Jeder kann nur individuell für sich austesten, welches Lebensmittel er in welcher Menge verträgt. Und darauf zielt dieses Symptomtagebuch ab. Das Ziel ist es die Aufnahme histaminhaltiger und histaminfreisetzender Lebensmittel auf ein individuell verträgliches Maß zu reduzieren.

Um Dir auch die Einkäufe der Zutaten zu erleichtern, stelle ich Dir für jede Woche eine Wocheneinkaufsliste zusammen.

Also Einkaufen, kochen, genießen .... entspannen.

Während der Ernährungsumstellung solltest Du am besten nur Wasser trinken, denn auch Getränke wirken sich aus. Wenn Du Vegetarier bist, ersetze bitte die Fleisch- oder Fischzutat durch ein verträgliches Gemüse. Hast Du eine zusätzliche Intoleranz, zum Beispiel Laktose, ersetze diese Produkte durch ein für Dich geeignetes.

um herausfinden zu können, welche Lebensmittel Du verträgst und welche nicht, beginnt man mit einer sogenannten Eliminationsdiät. Das ist keine Diät im eigentlichen Sinne um abzunehmen. Esse bitte so viel Du benötigst, um satt zu sein. Daher verwende ich auch keine Mengenangaben, außer bei den ausführlichen Rezepten im Anhang.

Bei dieser „Diät" wird in einem Zeitraum von zwei bis vier Wochen auf histaminreiche Speisen und Getränke, sowie auf histaminfreisetzende Lebensmittel konsequent verzichtet, um unverträgliche Lebensmittel zu eliminieren.

Man startet mit gekochtem, leicht gesalzenem Reis und/ oder Kartoffeln und fügt nach und nach potentiell verträgliche Lebensmittel aus der Verträglichkeitsliste hinzu. Hierbei kannst du genau festmachen auf was Du reagierst und was OK ist. Im weiteren Verlauf kannst Du somit auch potentiell unverträgliche Lebensmittel testen. Als Würzmittel wird zunächst nur Salz verwendet.

An den ersten beiden Tagen gibt es nach einem einfachen Frühstück nur Reis und Kartoffeln, um den Histamingehalt in Deinem Körper stark zu reduzieren.

Koche nur die Portion, die Du auch essen wirst, denn nochmal Aufwärmen kann unverträglich sein, besonders bei Fleisch und Fisch. Ansonsten Reste bitte zügig einfrieren.

Wocheneinkaufsliste 1. Woche:

- Haferflocken
- Cornflakes
- Porridge, Grießbrei
- Naturquark
- Milch
- Eier

- getrocknete Cranberries
- Heidelbeeren

- Urkornmehl Typ 1050
- Weinsteinbackpulver

- Basmatireis
- Spagetti

- Junge Goudascheiben
- Olivenöl, Rapsöl, Butter, Margarine

- Kartoffel
- Brokkoli
- Zucchini
- Rosenkohl
- grüner Spargel
- Paprika
- Karotte
- weiße Zwiebel

- Zucker, Zimt
- Salz
- Paprikapulver mild
- Rosmarin
- Fenchelsaat, Safranfäden Thymian
- Sonnenblumenkerne

- frische Putenbrust
- Pangasius-fisch (tiefgekühlt)

Tag 1

		Befinden
Morgens:	✘ Haferflocken mit Naturquark und etwas Milch	☺ 😐 ☹
Mittags:	✘ in Salzwasser gekochter Basmatireis	☺ 😐 ☹
Abends:	✘ in Salzwasser gekochte Kartoffeln	☺ 😐 ☹

Anmerkungen

_____

_____

Tag 2

		Befinden
Morgens:	✗ Haferflocken mit Naturquark und etwas Milch	☺ 😐 ☹
Mittags:	✗ in Salzwasser gekochter Basmatireis	☺ 😐 ☹
Abends:	✗ in Salzwasser gekochte Kartoffeln	☺ 😐 ☹

Anmerkungen

_____

_____

Tag 3

		Befinden
Morgens:	✗ Haferflocken mit Naturquark und etwas Milch ✗ + getrocknete Cranberries	🙂 😐 🙁
Mittags:	✗ in Salzwasser gekochter Basmatireis ✗ + gedünsteter Brokkoli	🙂 😐 🙁
Abends:	✗ in Salzwasser gekochte Kartoffeln ✗ + mit Rosmarin und etwas Butter ange- röstet	🙂 😐 🙁

Anmerkungen

_____

_____

Tag 4

		Befinden
Morgens:	✗ Haferflocken mit Naturquark und Milch ✗ + Heidelbeeren	☺ 😐 ☹
Mittags:	✗ in Salzwasser gekochter Basmatireis ✗ + Rührei	☺ 😐 ☹
Abends:	✗ in Salzwasser gekochte Kartoffeln ✗ + gekochter grüner Spargel	☺ 😐 ☹

Anmerkungen

_____

_____

Tag 5

		Befinden
Morgens:	✗ Porridge (nach Anleitung zubereiten)	🙂 😐 🙁
Mittags:	✗ in Salzwasser gekochter Basmatireis ✗ + in Rapsöl angebratene Zwiebelstück- chen ✗ + in Rapsöl angebratene Putenstreifen, mit Salz und Paprikapulver gewürzt	🙂 😐 🙁
Abends:	✗ in Salzwasser gekochte Kartoffeln ✗ + gedünsteter Rosenkohl ✗ alles mit etwas Butter angeröstet	🙂 😐 🙁

Anmerkungen

_____

_____

Tag 6

		Befinden
Morgens:	✘ Grießbrei ✘ + Zimt und Zucker	☺ 😐 ☹
Mittags:	✘ in Salzwasser gekochter Basmatireis ✘ + in Rapsöl angebratene Zwiebelstück- chen ✘ + in Rapsöl angebratene Paprikastück- chen	☺ 😐 ☹
Abends:	✘ in Salzwasser gekochte Kartoffeln ✘ + in Rapsöl angebratener Pangasius- Fisch (tiefgekühlt), mit Salz und Papri- kapulver gewürzt	☺ 😐 ☹

Anmerkungen

_____

_____

Tag 7

		Befinden
Morgens:	✕ Cornflakes, ohne Zusätze, mit Milch	🙂 😐 🙁
Mittags:	✕ in Salzwasser gekochte Spagetti ✕ + in Butter angebratene Zucchinistreifen ✕ + in Butter angebratene Karottenstreifen (Streifen mit dem Sparschäler erzeugen)	🙂 😐 🙁
Abends:	✕ selbstgebackenes Brot (Rezept S. 94) ✕ + Margarine ✕ + junge Goudascheiben als Belag	🙂 😐 🙁

Anmerkungen

_____

_____

Wocheneinkaufsliste 2. Woche:

X Haferflocken	X Vom Bäcker: Brot, Brötchen, Baguettestange
X Dinkelflocken	
X Naturquark	X Kartoffel
X Milch	X Blumenkohl
X Eier	X Zucchini
	X Butternutkürbis
X getrocknete Cranberries	X Weißkohl
X Heidelbeeren	X rote Paprika
X Apfel	X Ackersalat
X Honigmelone	X Gurke
X Brombeeren	X Fenchel
	X weiße Zwiebel
X Urkornmehl Typ 1050	X Knoblauch
X Weinsteinbackpulver	X frisches Basilikum, Minze, Salbeiblätter, Petersilie, Zitronenmelisse
X Vanillezucker	
X Nudeln	
X Lasagne- Nudeln	X Zucker, Zimt
X Couscous	X Salz, Paprikapulver mild
X Blätterteig	

✗ junge Goudascheiben
✗ Gouda am Stück
✗ Ricotta
✗ Butterkäsescheiben
✗ Mozzarella
✗ Creme fraiche
✗ Sahne

✗ Seelachsfilet (tiefgekühlt)

✗ gem. Hackfleisch (frisch vom Metzger gehackt)
✗ Backschinken, ungeräuchert
✗ Bierschinken

✗ Olivenöl
✗ Butter
✗ Margarine

Tag 8

		Befinden
Morgens:	✗ Brot (probiere mal Brot vom Bäcker) + Holunderkonfitüre + Margarine	☺ 😐 ☹
Mittags:	✗ Kartoffeln mit selbergemachtem Kräuterquark: ✗ <u>Kräuterquark</u>: Naturquark mit frischem Basilikum, frischer Minze, Salz, Paprikapulver	☺ 😐 ☹
Abends:	✗ Brötchen (vom Bäcker) + hart gekochte Ei- und Mozzarella-Scheiben + frische Basilikumblätter	☺ 😐 ☹

Anmerkungen _____

_____

Tag 9

		Befinden
Morgens:	✗ Selbergemachte Quarkbrötchen (Rezept S. 97)	☺ 😐 ☹
Mittags:	✗ Salbeinudeln an Salbeibutter: frische Salbeiblätter in Butter anschwenken und mit in Salzwasser gekochten Nudeln vermengen	☺ 😐 ☹
Abends:	✗ Paprika/ Mozzarella- Bruschetta: in Scheiben geschnittenes Baguettebrot in Butter anbraten. Klein geschnittene Paprika, Knoblauch und Mozzarellastückchen vermengen, salzen und mit Olivenöl beträufeln. Damit belegen	☺ 😐 ☹

Anmerkungen

_____

_____

Tag 10

		Befinden
Morgens:	✗ Naturjogurt + Apfelstückchen + Haferflocken	😊 😐 😟
Mittags:	✗ Petersilienkartoffeln + Seelachsfilet (tiefgekühlt) + gebratene Paprikastreifen	😊 😐 😟
Abends:	✗ Ackersalat + Honigmelone, Heidelbeeren und Mozzarella: ✗ Dressing: 1EL Honig; 1EL Olivenöl; Prise Salz	😊 😐 😟

Anmerkungen

_____

_____

Tag 11

		Befinden
Morgens:	✗ Brot (selbergemacht, Rezept S. 94) + Margarine + junge Goudascheiben	☺ ☹
Mittags:	✗ Blumenkohl- Kartoffel-Kürbis- Auflauf (Rezept S. 78)	☺ ☹
Abends:	✗ Selbergemachtes Schinken- Käse-Crois- sant (Rezept S. 88)	☺ ☹

Anmerkungen

_____

_____

Tag 12

		Befinden
Morgens:	✗ Rührei	🙂 😐 🙁
Mittags:	✗ Apfelringe mit Zimt und Zucker ✗ (Rezept S. 100)	🙂 😐 🙁
Abends:	✗ Basilikum- Ricotta- Lasagne (Rezept S. 79)	🙂 😐 🙁

Anmerkungen

_____

_____

Tag 13

		Befinden
Morgens:	✗ Naturquark + frische Brombeeren + Dinkelflocken	☺ ☺ ☹
Mittags:	✗ Brötchen (vom Bäcker) + gekochtem Schinken (Backschinken) + Butterkäse + Gurkenscheiben	☺ ☺ ☹
Abends:	✗ Couscous-Pfanne (Rezept S. 82)	☺ ☺ ☹

Anmerkungen

_____

_____

Tag 14

		Befinden
Morgens:	✗ Brötchen + Bierschinken und/ oder Käse + weichgekochtes Frühstücksei	😊 😐 ☹️
Mittags:	✗ Hackfleischpfanne mit Weißkraut (Rezept S. 89)	😊 😐 ☹️
Abends:	✗ Brot mit gebratenen Zucchinischeiben: Zucchini in ca. 0,5cm dicke Scheiben schneiden, salzen und in Olivenöl und etwas Knoblauch anbraten. Brot damit belegen	😊 😐 ☹️

Anmerkungen _____

_____

Wocheneinkaufsliste 3.Woche:

✗ Haferflocken	✗ Kartoffel
✗ Cornflakes	✗ Radieschen
✗ Cornpops	✗ Karotte
✗ Grießbrei	✗ Pastinake
✗ Milchreis	✗ Rote Beete (gekocht)
✗ Naturjogurt	✗ Knoblauch
✗ Milch	✗ Gurke
✗ Sahne	✗ Ackersalat
✗ Eier	✗ Chinakohl
	✗ Zucchini
✗ getrocknete Cranberries	✗ Paprika, rot und gelb
✗ Heidelbeeren	✗ weiße Zwiebel
✗ Apfel	✗ frisches Basilikum
✗ Feige	
✗ Melone	✗ Zucker, Zimt
✗ Nektarine	✗ Vanillezucker
✗ Pfirsich	✗ Mandelplättchen
✗ Kirschmarmelade, Brombeer-	✗ Mandelmus
marmelade	✗ Honig

- ✗ Urkornmehl Typ 1050
- ✗ Weinsteinbackpulver
- ✗ Semmelbrösel
- ✗ Bötchen vom Bäcker
- ✗ Brot (selbstgemacht)

- ✗ Nudeln
- ✗ Kartoffelklosteig

- ✗ junger Gouda am Stück
- ✗ Schafskäse
- ✗ Frischkäse
- ✗ Mozzarella

- ✗ Biowürze ohne Glutamat und Hefeextrakte
- ✗ Salz, Paprikapulver mild
- ✗ Kümmel
- ✗ Sonnenblumenkerne

- ✗ Pangasius-fisch (tiefgekühlt)
- ✗ Rindersteak
- ✗ Kalbsschnitzel
- ✗ Schweinehals
- ✗ Backschinken, Putenschinken

- ✗ Olivenöl
- ✗ Rapsöl
- ✗ Butter
- ✗ Margarine

Tag 15

		Befinden
Morgens:	✗ Heidelbeerkuchen mit Streuseln (Rezept S.98)	🙂 😐 🙁
Mittags:	✗ Rote Beete- Mozzarella- Salat (Rezept S. 74) + Selbstgebackene Brotscheiben (Rezept S. 94)	🙂 😐 🙁
Abends:	✗ Zucchinisuppe (Rezept S. 92)	🙂 😐 🙁

Anmerkungen

_____

_____

Tag 16

		Befinden
Morgens:	✗ Haferflockenriegel mit Cranberries und Honig (Rezept S. 96)	☺ 😐 ☹
Mittags:	✗ Schinkennudeln: Nudeln in Salzwasser kochen. Zwiebeln und Backschinken in Rapsöl andünsten. Fertige Nudeln unterrühren	☺ 😐 ☹
Abends:	✗ Milchreis mit Sauerkirschen: mit etwas Butter und Vanillezucker kochen	☺ 😐 ☹

Anmerkungen

_____

_____

Tag 17

		Befinden
Morgens:	✗ Brötchen + Margarine + Paprikalyoner	😊 😐 😞
Mittags:	✗ Griechischer Salat: Rote Paprika, Zwiebel, Gurke und Schafskäse in Stücke schneiden. Mit Ackersalat vermengen, salzen und mit Olivenöl beträufeln	😊 😐 😞
Abends:	✗ Selbergemachte „weiße" Pizza (Rezept S. 76)	😊 😐 😞

Anmerkungen

_____

_____

Tag 18

		Befinden
Morgens:	✗ Naturjogurt + Kirschmarmelade (unterrühren) + Cornflakes (hinzugeben)	😊 😐 ☹️
Mittags:	✗ Rindersteak mit gemischtem Salat: Ackersalat, Chinakohl, Gurke, Paprika: <u>Dressing:</u> nur Olivenöl und salzen	😊 😐 ☹️
Abends:	✗ Brötchen + Frischkäse	😊 😐 ☹️

Anmerkungen

_____

_____

Tag 19

		Befinden
Morgens:	✗ Obstsalat mit Mandeln: Feigen, Melone, Nektarine und Apfel in Stücke schneiden und mit Mandelplättchen bestreuen	😊 😐 ☹️
Mittags:	✗ Pangasius- Fisch (tiefgekühlt) mit Kartoffelrösti: <u>Fisch:</u> mit Paprikapulver und Salz würzen und in Rapsöl braten <u>Rösti:</u> in Rapsöl anbraten	😊 😐 ☹️
Abends:	✗ Grießbrei + Pfirsiche	😊 😐 ☹️

Anmerkungen

_____

_____

44

Tag 20

		Befinden
Morgens:	✗ Brötchen (vom Bäcker) + Margarine + Brombeermarmelade	☺ 😐 ☹
Mittags:	✗ Schnitzel mit Bratkartoffeln (Rezept S. 84)	☺ 😐 ☹
Abends:	✗ Brot + Margarine + Radieschenscheiben	☺ 😐 ☹

Anmerkungen

_____

_____

Tag 21

		Befinden
Morgens:	✗ Cornflakes, ohne Zusätze, mit Milch	☺ 😐 ☹
Mittags:	✗ Schweinehals mit Klos (Rezept S. 86)	☺ 😐 ☹
Abends:	✗ Gemüsespieße: Zucchini, Zwiebel, Paprika rot/ gelb in Stücke schneiden und auf Holzspieße stecken. In der Pfanne mit Rapsöl an- braten	☺ 😐 ☹

Anmerkungen

_____

_____

Wocheneinkaufsliste 4.Woche:

✗ Haferflocken	✗ Kartoffel
✗ Naturquark	✗ Brokkoli
✗ Naturjogurt	✗ Radieschen
✗ Milch	✗ Fenchelknolle
✗ Eier	✗ Blumenkohl
✗ Honig	✗ Butternutkürbis
	✗ Knoblauch
✗ Brot, Brötchen vom Bäcker	✗ Gurke
✗ Knäckebrot	✗ Feldsalat
	✗ Chinakohl
✗ Basmatireis	✗ Weißkohl, Rotkohl
✗ Spagetti	✗ Maiskolben
✗ Couscous	✗ Paprika, rot und gelb
	✗ Karotte
✗ junge Goudascheiben, junger Gouda am Stück	✗ weiße Zwiebel
✗ Frischkäse	✗ frische Minzblätter
✗ Creme fraiche	✗ Basilikum
	✗ Rosmarinzweige
✗ Olivenöl, Rapsöl, Kürbiskernöl	✗ Thymian, Oregano

✕ Butter, Margarine

✕ Melone
✕ Apfel
✕ Kaki
✕ Johannisbeeren

✕ Aprikosenmarmelade
✕ Johannisbeerkonfitüre

✕ Salz, Paprikapulver mild
✕ Biowürze ohne Glutamat und
Hefeextrakte
✕ Zitronengraspulver

✕ Koriander, Bohnenkraut
✕ Dillspitzen

✕ Macadamianüsse (ganz)
✕ Mandeln (ganz)
✕ Kürbiskerne
✕ Sesam

✕ Zander (tiefgekühlt)
✕ Fischstäbchen (tiefgekühlt)
✕ Putengeschnetzeltes
✕ Schweinehalssteak
✕ Hähnchenfilets
✕ Kochschinken, ungeräuchert
und ungepökelt

Tag 22

		Befinden
Morgens:	✗ Jogurtdrink mit frischen Heidelbeeren: Naturjogurt mit Honig, Heidelbeeren und Haferflocken und etwas Milch mixen	☺ 😐 ☹
Mittags:	✗ Spagetti mit Ei und jungem Gouda: Nudeln in Salzwasser abkochen und abgießen. In Butter leicht anbraten und verquirlte Eier darüber geben. Gouda darüber raspeln. Mit Salz würzen	☺ 😐 ☹
Abends:	✗ Radieschen- Fenchelsalat mit Knoblauchbrot (Rezept S. 72)	☺ 😐 ☹

Anmerkungen

_____

_____

Tag 23

		Befinden
Morgens:	✗ Brot (vom Bäcker) + Butter + Honig	☺ ☹ ☹
Mittags:	✗ Putengeschnetzeltes mit Reis und Blumenkohl (Rezept S. 83)	☺ ☹ ☹
Abends:	✗ Obstspieße: Melonen, Äpfel, Kaki in Stücke schneiden und auf Holzspieße stecken	☺ ☹ ☹

Anmerkungen

_____

_____

50

Tag 24

		Befinden
Morgens:	✘ Knäckebrot + Frischkäse + Paprikastreifen + Gurkenscheiben	☺ 😐 ☹
Mittags:	✘ Gefüllte Paprika auf Ackersalat (Rezept S. 80)	☺ 😐 ☹
Abends:	✘ Fischstäbchen mit Butternutkürbis: Kürbis: in dünne „Kuchenstücke" schneiden, salzen mit Paprikapulver und Zitronengraspulver würzen. Bei 180°C ca. 30 min. in den Backofen Fischstäbchen: in Rapsöl braten	☺ 😐 ☹

Anmerkungen _____

_____

Tag 25

		Befinden
Morgens:	✗ Naturjogurt + ganze Mandeln + Haferflocken + Johannisbeerkonfitüre (untergerührt)	☺ 😐 ☹
Mittags:	✗ Hähnchenspieße auf Chinakohlsalat: <u>Spieße:</u> Hähnchenfilets in Stücke schneiden, mit Rapsöl, Salz und Paprikapulver marinieren und auf Holzspieße stecken. In der Pfanne mit Rapsöl anbraten. <u>Salat:</u> Chinakohl waschen, in dünne Scheiben schneiden, salzen und mit Olivenöl beträufeln	☺ 😐 ☹
Abends:	✗ Couscous- Brokkolisalat mit frischen Minzblättern (Rezept S. 73)	☺ 😐 ☹

Anmerkungen _____

Tag 26

		Befinden
Morgens:	✗ Brötchen + Butter + Aprikosenmarmelade	🙂 😐 🙁
Mittags:	✗ Blumenkohl mit jungem Gouda überba-cken: Blumenkohlröschen in Salzwasser fast garkochen. Dann in eine Auflaufform geben, mit Goudaraspeln bestreuen und bei 180°C ca. 15 min. backen	🙂 😐 🙁
Abends:	✗ Folienkartoffeln mit Kräuterquark: Kartoffeln: Große Kartoffeln mit Alufo-lie umwickeln und im Ofen bei 180°C ca. 40 min. backen. Quark: Naturquark mit frischem Basili-kum, frischer Minze, Salz, Paprikapul-ver vermengen	🙂 😐 🙁

Anmerkungen _____

Tag 27

		Befinden
Morgens:	✗ Naturquark + Johannisbeeren + Honig + Macadamianüsse	🙂 😐 🙁
Mittags:	✗ Zander mit Sesam auf Rohkostsalat (Rezept S.90)	🙂 😐 🙁
Abends:	✗ Pellkartoffeln mit Gurkensalat: Salat: Gurke in Scheiben hobeln und salzen. Für das Dressing Naturquark mit etwas Olivenöl und Dillspitzen ver- mengen und mit den Gurken vermi- schen Kartoffeln: mit Schale in Salzwasser kochen, dann pellen	🙂 😐 🙁

Anmerkungen _____

_____

Tag 28

		Befinden
Morgens:	✗ Brot (selbstgemacht) + Kochschinken + junger Gouda + Frühstücksei	☺ ☹ ☹
Mittags:	✗ Grillmöhrchen auf Feldsalat mit Schwei-nehalssteak (Rezept S. 75)	☺ ☹ ☹
Abends:	✗ Maiskolben mit selbergemachter Kräu-terbutter (Rezept Kräuterbutter S. 93)	☺ ☹ ☹

Anmerkungen

_____

_____

Stelle Dir Deinen individuellen Ernährungsplan zusammen

Wocheneinkaufsliste 5.Woche:

✗ _____	✗ _____
✗ _____	✗ _____
✗ _____	✗ _____
✗ _____	✗ _____
✗ _____	✗ _____
✗ _____	✗ _____
✗ _____	✗ _____
✗ _____	✗ _____
✗ _____	✗ _____
✗ _____	✗ _____
✗ _____	✗ _____
✗ _____	✗ _____
✗ _____	✗ _____
✗ _____	✗ _____
✗ _____	✗ _____
✗ _____	✗ _____

Tag 29

		Befinden
Morgens:	✗	🙂 😐 🙁
Mittags:	✗	🙂 😐 🙁
Abends:	✗	🙂 😐 🙁

Anmerkungen

_____

_____

Tag 30

		Befinden
Morgens:	✗	🙂 😐 🙁
Mittags:	✗	🙂 😐 🙁
Abends:	✗	🙂 😐 🙁

Anmerkungen

_____

_____

Tag 31

			Befinden
Morgens:	✗		☺ 😐 ☹
Mittags:	✗		☺ 😐 ☹
Abends:	✗		☺ 😐 ☹

Anmerkungen

_____

_____

Tag 32

		Befinden
Morgens:	✗	🙂 😐 🙁
Mittags:	✗	🙂 😐 🙁
Abends:	✗	🙂 😐 🙁

Anmerkungen

_____

_____

Tag 33

		Befinden
Morgens:	✗	🙂 😐 🙁
Mittags:	✗	🙂 😐 🙁
Abends:	✗	🙂 😐 🙁

Anmerkungen

_____

_____

Tag 34

		Befinden
Morgens:	✗	🙂 😐 🙁
Mittags:	✗	🙂 😐 🙁
Abends:	✗	🙂 😐 🙁

Anmerkungen

_____

_____

Tag 35

		Befinden
Morgens:	✗	🙂 😐 🙁
Mittags:	✗	🙂 😐 🙁
Abends:	✗	🙂 😐 🙁

Anmerkungen

_____

_____

Wocheneinkaufsliste 6.Woche:

✗ _____   ✗ _____
✗ _____   ✗ _____
✗ _____   ✗ _____
✗ _____   ✗ _____
✗ _____   ✗ _____
✗ _____   ✗ _____
✗ _____   ✗ _____
✗ _____   ✗ _____
✗ _____   ✗ _____
✗ _____   ✗ _____
✗ _____   ✗ _____
✗ _____   ✗ _____
✗ _____   ✗ _____
✗ _____   ✗ _____
✗ _____   ✗ _____
✗ _____   ✗ _____
✗ _____   ✗ _____

Tag 36

		Befinden
Morgens:	✗	🙂 😐 🙁
Mittags:	✗	🙂 😐 🙁
Abends:	✗	🙂 😐 🙁

Anmerkungen

_____

_____

Tag 37

		Befinden
Morgens:	✗	🙂 😐 ☹️
Mittags:	✗	🙂 😐 ☹️
Abends:	✗	🙂 😐 ☹️

Anmerkungen

_____

_____

Tag 38

		Befinden
Morgens:	✗	🙂 😐 🙁
Mittags:	✗	🙂 😐 🙁
Abends:	✗	🙂 😐 🙁

Anmerkungen

_____

_____

Tag 39

		Befinden
Morgens:	✗	☺ 😐 ☹
Mittags:	✗	☺ 😐 ☹
Abends:	✗	☺ 😐 ☹

Anmerkungen

_____

_____

Tag 40

		Befinden
Morgens:	✗	😊 😐 ☹️
Mittags:	✗	😊 😐 ☹️
Abends:	✗	😊 😐 ☹️

Anmerkungen

_____

_____

Tag 41

		Befinden
Morgens:	✗	😊 😐 ☹️
Mittags:	✗	😊 😐 ☹️
Abends:	✗	😊 😐 ☹️

Anmerkungen

_____

_____

Tag 42

		Befinden
Morgens:	✗	🙂 😐 🙁
Mittags:	✗	🙂 😐 🙁
Abends:	✗	🙂 😐 🙁

Anmerkungen

_____

_____

Radieschen-Fenchelsalat mit Knoblauchbrot

Zubereitungszeit 20 min, 2 Personen

Salat:		Knoblauchbrot:	
2	Fenchelknollen	1	Ciabattabrot
1 Bund	Radieschen	3	Knoblauchzehen
etwas	Olivenöl, Salz	etwas	glatte Petersilie, Olivenöl

✗ Das Ciabattabrot in Scheiben schneiden. Reichlich Olivenöl, gepresste Knoblauchzehen und klein geschnittene Petersilie miteinander vermengen. Die Brotscheiben damit gut einreiben und in einer Pfanne von beiden Seiten kross anbraten

✗ Den Fenchel und die Radieschen waschen und in dünne Scheiben schneiden (am besten mit einer Küchenmaschine). Salzen und etwas Olivenöl darüber geben. Gut mischen

Couscous- Brokkolisalat mit frischen Minzblättern

Zubereitungszeit 20 min, 2 Personen

500g	Brokkoli
2 gr. Tassen	Couscous
handvoll	frische Minzblätter
etwas	Olivenöl
etwas	Salz

✗ Couscous nach Anleitung mit heißem Wasser übergießen und 10 Minuten ziehen lassen

✗ Brokkoli in Röschen zerteilen und in Salzwasser bissfest kochen

✗ Minzblätter in dünne Streifen schneiden und mit fertigem Couscous und Brokkoliröschen mischen. Mit Salz und Olivenöl abschmecken

Rote Beete- Mozzarella- Salat

Zubereitungszeit 10 min, 2 Personen

500g	gekochte Rote Beete
1 Pck.	Mozzarella
handvoll	frisches Basilikum
2TL	Olivenöl
etwas	Salz

✗ Gekochte Rote Beete und Mozzarella in kleine Stücke schneiden und in eine Schüssel geben. Fein geschnittenes Basilikum und Olivenöl unterrühren und mit Salz abschmecken

p.s. Du kannst die Salatmasse auch auf Blätterteigstücke verteilen, wie ein Croissant einschlagen, und im Ofen backen.

Grillmöhrchen auf Feldsalat mit Schweinehalssteak

Zubereitungszeit 25 min, 2 Personen

2	Schweinehalssteaks	30g	Kürbiskerne
400g	Möhren	etwas	Olivenöl, Rapsöl
100g	Feldsalat	etwas	Salz, Paprikapulver

✖ Die Schweinehalssteaks gut salzen und mit Paprikapulver einreiben. In Rapsöl in einer Pfanne braten

✖ Die Möhren schälen und in Olivenöl und Salz wenden. Mit Rapsöl in einer Pfanne anbraten, so dass sie noch schön bissfest sind. Anschließend in grobe Stücke schneiden und mit dem gewaschenen Ackersalat und den Kürbiskernen untermischen. Mit Olivenöl und Salz abschmecken

✖ Die Schweinehalssteaks auf dem Salat servieren

Selbergemachte „weiße" Pizza

Zubereitungszeit 20 min + ca.10 min Backzeit/ Umluft 250°C

///////////////////////////////////

Teig für 1 Blech Pizza:		Belag:	
400g	Urkornmehl Typ 1050	2 Pck.	Mozzarella
260ml	Milch	200gr	Putenschinken
4TL	Weinsteinbackpulver	2-3	Zwiebeln
2EL	Olivenöl	ca. 100gr	junger Gouda
etwas	Salz		

///////////////////////////////////

✗ Ofen vorheizen

✗ Milch, Öl und Salz in eine Rührschüssel geben. Das Backpulver mit dem Mehl mischen und nach und nach, mit einem Rührgerät mit Knethaken, mit dem Milchgemisch vermengen. Backblech mit Backpapier auslegen und Teig darauf ausrollen

✕ Teig mit Mozzarellascheiben, Putenschinken, Zwiebelringen und Mais-
körnern aus der Dose belegen. Mit jungen Goudaraspeln betreuen

✕ Backzeit ca. 10 min. bei 250°C Umluft

p.s. wer mag, kann als unterste Schicht auf dem Pizzateig Creme fraiche
verteilen (anstatt Tomatensoße)

Blumenkohl- Kartoffel- Kürbis- Auflauf

Zubereitungszeit 20 min + ca. 60 min Backzeit/ Umluft 180°C, 2 Personen

6-8	große Kartoffeln	1 Becher	Creme fraîche
1	Butternut- Kürbis	2 Becher	Sahne
½ Kopf	Blumenkohl		Salz, Paprikapulver
1	Zwiebel	etwas	Rapsöl

✗ Ofen vorheizen und Auflaufform ölen

✗ Kartoffeln und Zwiebel schälen und in feine Scheiben schneiden. Gewaschenen Blumenkohl in kleine Röschen teilen und den Kürbis auslösen, und ebenfalls in dünne Scheiben schneiden. In der geölten Auflaufform immer eine Schicht mit den verschiedenen Gemüsesorten auslegen, mit Salz und Paprikapulver gut würzen und ein paar Löffel Creme fraîche darauf verteilen. Anschließend die nächste Lage Gemüse darüber schichten. Zum Schluss die Sahne darüber gießen und für ca. 1h in den Backofen geben, bis das Gemüse durch ist

Basilikum- Ricotta- Lasagne

Zubereitungszeit 15 min + 20 min Backzeit/ Umluft 180°C/ 2 Personen

9	Lasagne- Nudeln	1 Bund	frisches Basilikum
250gr	Ricotta	etwas	Salz
4-5	Knoblauchzehen	300ml	Sahne
etwas	Olivenöl	200gr	junger geraspelter Gouda

✖ Ofen vorheizen

✖ In einer Auflaufform eine Schicht Nudeln (3 Stück) auslegen. Eine Schicht Ricotta darauf streichen, gut salzen und mit etwas Olivenöl beträufeln. Ca. 2 gehackte Knoblauchzehen und fein geschnittenes Basilikum darauf verteilen. Schicht wiederholen. Als Abschluss eine letzte Schicht Nudelplatten, die Sahne darüber gießen und mit dem geraspelten Gouda bestreuen

✖ Im Ofen bei 180°C ca. 20min. backen

Gefüllte Paprika auf Ackersalat

Zubereitungszeit 30 min + 25 min Backzeit/ Umluft 180°C/ 1-2 Personen

6EL	Couscous	3 handvoll	Ackersalat
2	Paprika	1TL	Olivenöl
1	Zwiebel	1TL	Kürbiskernöl
1/4	Brokkoli	etwas	Salz
Stück	junger Gouda	etwas	Butter

✗ Couscous und etwas Salz in eine hitzebeständige Schüssel oder kleinen Topf geben. Wasser im Wasserkocher erhitzen und doppelte Menge über Couscous gießen. Mit Deckel abdecken und 10min. quellen lassen

✗ Gleichzeitig Ofen auf 180°C vorheizen

✗ Zwiebel schälen, schneiden und mit etwas Butter und einigen Brokkoliröschen in einer Pfanne anschwitzen. Etwas Zwiebel für den Salat herausnehmen und den gequollenen Couscous unterrühren

✖ Beide Paprika waschen, den Deckel abschneiden und den Stiel und die Kerne entfernen und. Die leeren Paprika mit etwas Olivenöl ausstreichen, mit der Couscousmasse befüllen, ausreichend Gouda darüber raspeln, die Paprikadeckel daraufsetzen und in einer Auflaufform in den vorgeheizten Ofen stellen

✖ Währenddessen auf einem Teller Ackersalat anrichten, einen Teil der angeschwitzten Zwiebeln darauf verteilen, salzen und mit etwas Kürbiskernöl abschmecken. Falls die komplette Füllung nicht in die Paprika gepasst hat, diese auf dem Salat verteilen

✖ Im Ofen ca. 25min. schön kross backen lassen, bis der Käse gut geschmolzen ist

✖ Paprikas auf dem Salat anrichten

Couscous Pfanne

Zubereitungszeit 20 min / 2 Personen

2 gr. Tassen	Couscous	1TL	Olivenöl
½	Fenchelknolle	etwas	Salz
1	rote Paprika, Zucchini	etwas	Paprikapulver
1	Zwiebel	handvoll	frische Zitronenmelisse

✗ Couscous und 1 TL Salz in eine Schüssel geben, mit doppelter Menge heißem Wasser übergießen, und 10 min. quellen lassen

✗ Die Zwiebel schälen, Fenchel, Zucchini und Paprika waschen und putzen und in Scheiben schneiden. In einer Pfanne Olivenöl leicht erhitzen und das Gemüse darin auf niedriger, bis mittlerer Stufe anbraten, bis es schön bissfest ist. Mit geschnittenen Zitronenmelissenblättern, Salz und Paprikapulver würzen und über dem Couscous verteilen

Putengeschnetzeltes mit Reis und Blumenkohl

Zubereitungszeit 35 min / 2 Personen

500g	Putengeschnetzeltes	2	Zwiebeln
2gr. Tassen	Basmatireis	etwas	Rapsöl
½	Blumenkohl	etwas	Salz
1 Becher	Creme fraiche	etwas	Paprikapulver

✗ Rapsöl in einer Pfanne erhitzen und die, in Ringe geschnittenen, Zwiebeln darin anbraten. Gleich darauf das Putengeschnetzelte hinzugeben, mit Salz und Paprikapulver würzen, und durchbraten. Den Becher Creme fraiche unterrühren und mit erhitzen

✗ In der Zwischenzeit Blumenkohl waschen und in Röschen schneiden. In Salzwasser bissfest kochen

✗ Reis in Salzwasser abkochen. Alles auf einem Teller anrichten

Schnitzel mit Bratkartoffeln

Zubereitungszeit 45 min / 2 Personen

Schnitzel:		Bratkartoffeln:	
2	Kalbschnitzel	8	große Kartoffeln
1EL	Paprikapulver	2	Zwiebeln
3EL	Urkornmehl Typ 1050	etwas	Rapsöl
3EL	Semmelbrösel	etwas	Salz
1-2	Eier	etwas	Paprikapulver
		1EL	Kümmel

✘ Schnitzel ggf. klopfen, salzen und mit Paprikapulver würzen. In einem tiefen Teller die Eier aufschlagen und verquirlen. In einem zweiten tiefen Teller die Semmelbrösel und das Mehl mischen. Die Schnitzel erst in dem Ei wälzen und anschließend im Semmelbrösel/ Mehlgemisch wenden, bis sie von beiden Seiten gut mit Panade bedeckt sind. In einer Pfanne Öl erhitzen und die Schnitzel darin durchbraten

✗ Währenddessen die Zwiebel schälen, in sehr feine Scheiben schneiden und in eine Pfanne mit Öl geben (Pfanne erst erhitzen, wenn die Kartoffeln fertig geschnitten sind, sonst werden die Zwiebeln schwarz)

✗ Die rohen Kartoffeln sehr fein schneiden (am besten mit einer Küchenmaschine oder einem Gemüsehobel) und der Pfanne mit Zwiebeln hinzugeben. Gut durchbraten und immer wieder wenden. Mit Salz und Paprikapulver würzen und abschmecken. Zum Schluss den Kümmel darauf verteilen und mischen

✗ Schnitzel mit Bratkartoffeln auf einem Teller anrichten

Schweinehals mit Klos

Zubereitungszeit 20 min + 1,5 Std. Backofen/ 180° Umluft, 2 Personen

500g	Schweinehals am Stück
1 Pck.	Kartoffelklosteig
2	Zwiebeln
3	Karotten
3	Pastinaken
etwas	Paprikapulver
etwas	Salz

✗ Ofen vorheizen

✗ Schweinehals mit Salz und Paprikapulver gut würzen und in eine ausreichend große Auflaufform legen

✖ Zwiebeln schälen und zusammen mit den Karotten und Pastinaken in Stücke schneiden und zu dem Fleisch in die Auflaufform legen. Mit ca. 1-2 Tassen Wasser übergießen und in den Ofen stellen

✖ Kartoffelklosteig zu Klösen formen und in Salzwasser bei geringer Hitze köcheln, bis sie oben schwimmen

✖ Für die Soße, das Fleisch herausnehmen, und die Gemüsestückchen mit dem Wasser (ggf. Wasser auffüllen) pürieren und abschmecken

✖ Das Fleisch in Scheiben schneiden, wieder in die Soße legen und nochmals kurz in den Ofen zurückstellen, um es zu erwärmen

p.s. mit creme fraiche wird es cremiger

Schinken- Käse-Croissant

Zubereitungszeit 20 min + 20 min Backofen/ 180° Umluft, 2 Personen

1	Blätterteig (fertig gekauft)	200gr	junger Gouda, geraspelt
1 Becher	Creme fraiche		Paprikapulver
200gr	Backschinken		

✗ Ofen vorheizen

✗ Blätterteig ausrollen und in ca. 20x20cm große Stücke schneiden. Die einzelnen Stücke mit Creme fraiche bestreichen und mit Paprikapulver bestreuen. Den Backschinken in kleine Schinkenwürfel schneiden, darauf verteilen und mit jungen Gouderaspeln bestreuen. Anschließend Blätterteigstücke zusammenklappen und die Ränder festdrücken

✗ Bei 180°C Umluft ca. 20 min. in den Backofen

Hackfleischpfanne mit Weißkraut

Zubereitungszeit 25 min, 2 Personen

500gr	gem. Hackfleisch	½	Weißkohl
2	Zwiebeln	etwas	Salz
etwas	Rapsöl	etwas	Paprikapulver

✗ Rapsöl in einer Pfanne erhitzen. Kleingeschnittene Zwiebeln, sowie das Hackfleisch darin anbraten, bis das Hackfleisch fast durch ist. Mit Salz und Paprikapulver gut würzen

✗ Den Weißkohl mit einer Küchenmaschine in feine Streifen schneiden und der Hackfleischpfanne zugeben. Pfanne mit einem Deckel abdecken, damit der Weißkohl weich wird. Anschließend gut durchmengen und servieren

Zanderfilet mit Sesam auf Rohkostsalat

Zubereitungszeit 30 min / 2 Personen

Fisch:		Salat:	
2-3	Zanderfilets (tiefgekühlt)	2	Karotten
3TL	Sesam	1/4	Weißkohl
2TL	Honig	1/4	Rotkohl
1TL	Salz	1	rote Paprika
2TL	Paprikapulver	1	gelbe Paprika
4TL	Olivenöl	etwas	Salz
3	Rosmarinzweige	etwas	Olivenöl

✘ In einer Tasse Salz, Paprikapulver, Rapsöl und Honig miteinander verrühren und die Zanderfilets damit einreiben. Die tiefgekühlten Filets
davor kurz unter warmes Wasser halten, damit die Würzmischung

darauf hält. Anschließend in den Sesamkörnern wenden und in einer Pfanne durchbraten

✗ In der Zwischenzeit das Gemüse waschen und sehr fein schneiden (am besten mit einer Küchenmaschine). Mit Salz und Olivenöl würzen und gut durchmengen

✗ Den Fisch auf dem Salat anrichten

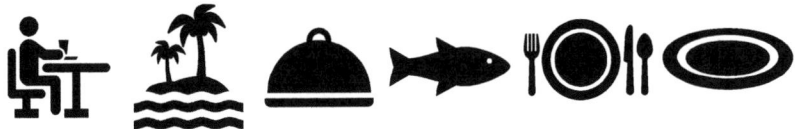

Zucchinisuppe

Zubereitungszeit 20 min, 2 Personen

3-4	Zucchini	30ml	Sahne
1-2	Knoblauchzehen	ca. 3EL	Biowürze (o. Glutamat und Hefeextrakte)
etwas	Olivenöl		
25g	geriebener junger Gouda	etwas	Salz

✗ Die Zucchini waschen, in Scheiben schneiden und in Olivenöl anbraten. Knoblauchzehen hacken, hinzugeben und das Ganze mit ca. 400ml Wasser ablöschen. Biowürze einrühren (mit etwas Wasser in einer Tasse glattrühren, dann dem Topf zugeben). Ca. 10 min. köcheln lassen

✗ Suppe vom Herd nehmen und pürieren. Sahne und geriebenen Käse hinzugeben und auf kleiner Stufe köcheln, bis der Käse geschmolzen ist. Mit Salz abschmecken

Selbergemachte Kräuterbutter

Zubereitungszeit 15 min

| 150g | Butter | Prise | Salz | 1TL | Paprikapulver |
| handvoll | Kräuter | 1TL | Biowürze (ohne Glutamat und Hefeextrakte) | ¼ TL | Zitronengraspulver |

✗ Butter aus dem Kühlschrank stellen

✗ Frischen Rosmarin, Basilikum, Thymian, Oregano, Koriander, Bohnenkraut, usw...kleinhacken und mit der weichen Butter und den restlichen Zutaten gut vermengen und abschmecken

✗ Die fertige Butter auf ein Stück Frischhaltefolie legen, diese einschlagen und die Butter darin zu einer Rolle ausrollen und zum Aushärten in den Kühlschrank legen

Fladenbrot

Zubereitungszeit 15 min + 15- 20 min Backzeit/ Umluft 220°C

400g	Urkornmehl Typ 1050	1TL	Safranfäden
ca.150ml	warmes Wasser	1EL	Fenchelsaat
1Pck.	Weinsteinbackpulver	1TL	Salz
2EL	Olivenöl	1TL	Thymian
1-2EL	Sonnenblumenkerne		

✗ Mehl mit warmem Wasser und 1 Esslöffel Olivenöl mischen, bis der Teig eine cremig- feste Konsistenz hat (Wasser nach und nach unterrühren; wird es zu flüssig, Mehl hinzufügen)

✗ Alle Zutaten hinzu mischen

✗ Teig auf gefettetes Backblech flach auslegen und Oberseite an mehreren Stellen mit Gabel einstechen

✗ Oberseite mit restlichem Olivenöl bestreichen und mit Thymian bestreuen

✗ Im vorgeheizten Ofen bei 220°C 15-20 min. backen

p.s. das Brot kann in Scheiben geschnitten tiefgekühlt, und jede Scheibe einzeln im Toaster aufgebacken werden. Es kann auch in ein Geschirrtuch eingeschlagen und mehrere Tage an einem kühlen Ort aufbewahrt werden. Kein Kühlschrank

Haferflockenriegel mit Cranberries und Honig

Zubereitungszeit 15 min +20 min Backzeit/ Umluft 180°C

80g 1050	Urkornmehl Typ	20g	Cranberries, getrocknet	50g	Cornpops
		3EL	Sonnenblumenkerne	1TL	Zimt
250g	Haferflocken	2EL	Mandelmus	100g	Honig
4	gehobelte Äpfel				

✗ Ofen auf 180° vorheizen

✗ Mehl, Haferflocken, Cornpops und Zimt miteinander vermischen. Geriebene Äpfel und Honig zugeben und gut vermengen. Cranberries, Sonnenblumenkerne und Mandelmus unterheben

✗ Backblech mit Backpapier auslegen und Teig darauf streichen

✗ Auf mittlerer Schiene bei ca. 180° ca. 20 Minuten backen

✗ Nach dem Abkühlen in Riegel schneiden (ca. 8x2 cm)

Quarkbrötchen

Zubereitungszeit 15 min + 20 min Backzeit/ Umluft 180°C

250g	Urkornmehl Typ 1050	20g	Cranberries, getrocknet	2	Eier
1Pck.	Weinsteinbackpulver	etwas	Zimt und Zucker	Prise	Salz
30g	Zucker	250g	Naturquark	etwas	Milch
1Pck.	Vanillezucker				

✗ Ofen auf 180° vorheizen

✗ Zucker, Vanillezucker, Eier, Salz und Quark in einer Schüssel vermengen. Das Mehl mit dem Backpulver mischen und nach und nach einrühren

✗ Den fertigen Teig mit einem Esslöffel, und ausreichend Abstand zueinander, auf ein, mit Backpapier ausgelegtes, Blech verteilen

✗ Kurz vor Ende der Backzeit die Brötchen mit etwas Milch bestreichen und mit Zimt und Zucker bestreuen

Heidelbeerkuchen mit Streuseln

Zubereitungszeit 25 min + 60 min Backzeit/ Umluft 180°C

Teig:		Belag:	
250g	Urkornmehl Typ 1050	600g	Heidelbeeren
125g	Zucker		
125g	Butter	Streusel:	
2	Eier	125g	Zucker
1 Pck.	Weinsteinbackpulver	125g	Butter
1 Pck.	Vanillezucker	125g	Urkornmehl Typ 1050

✗ Ofen auf 180° vorheizen

✗ Zutaten für die Streusel miteinander verkneten und kühl stellen

✗ Für den Teig die Butter schaumig rühren und den Zucker einrieseln lassen. Eier und Vanillezucker hinzugeben. Das Backpulver mit dem Mehl vermischen und nach und nach in den Teig einrühren

✘ Den Teig in eine, mit Rapsöl ausgestrichene, Springform füllen und glattstreichen. Die gewaschenen Heidelbeeren darauf verteilen und die Streusel darüber krümeln

✘ Den Kuchen für ca. 1 Stunde bei 180°C in den Backofen

Apfelringe mit Zimt und Zucker

Zubereitungszeit 20 min

2-3	Äpfel	ca. 200g	Milch
1	Ei	etwas	Zimt und Zucker
ca. 100g	Urkornmehl Typ 1050	etwas	Öl/ Butter

✗ Das Ei mit der Milch in einer Schüssel verrühren. Das Mehl nach und nach hinzugeben und zu einem cremigen Teig (= Pfannkuchenteig) rühren

✗ Die Äpfel schälen und das Gehäuse mit einem scharfen Messer kreisrund herausschneiden, so dass der ganze Apfel ein Loch in der Mitte hat. Den Apfel anschließend in Ringe/ Scheiben schneiden, immer mit dem Loch in der Mitte

✗ Die Apfelringe im Teig wenden und bei mittlerer Hitze mit etwas Öl und Butter in einer Pfanne anbraten. Mit Zimt und Zucker bestreuen